궁금해, 너는 어떤 모습일까

名画胎教
宝贝，好想知道你的样子

（韩）吴善和 —— 著
李倩男 —— 译

化学工业出版社
悦读名品出版公司

图书在版编目（CIP）数据

名画胎教：宝贝，好想知道你的样子/（韩）吴善和著；李倩男译. —北京：化学工业出版社，2016.6
ISBN 978-7-122-26818-1

Ⅰ.①名… Ⅱ.①吴… ②李… Ⅲ.①胎教 Ⅳ.①G61

中国版本图书馆CIP数据核字（2016）第078433号

궁금해, 너는 어떤 모습일까 (I AM CURIOUS WHAT YOU LOOK LIKE)
Copyright ⓒ 2015 by 오선화（Sunhwa Oh, 吴善和）
All rights reserved.
Simplified Chinese Copyright ⓒ 2016 by TIUM BOOKS
Simplified Chinese language edition is arranged with ERC Media(Beijing),Inc.
through Eric Yang Agency

本书中文简体字版由TIUM BOOKS授权化学工业出版社独家出版发行。未经许可，不得以任何方式复制或抄袭本书的任何部分，违者必究。

北京市版权局著作权合同登记号：01-2016-3452

责任编辑：罗　琨　　　　　　　　　封面设计：水玉银文化
责任校对：陈　静

出版发行：化学工业出版社
　　　　　（北京市东城区青年湖南街13号　邮政编码100011）
印　　装：北京市雅迪彩色印刷有限公司
710mm×1000mm　1/16　印张 7½　字数 100 千字
2017 年 2 月北京第 1 版第 1 次印刷

购书咨询：010-64518888（传真：010-64519686）
售后服务：010-64518899
网　　址：http://www.cip.com.cn
凡购买本书，如有缺损质量问题，本社销售中心负责调换。

定　　价：49.80 元　　　　　　　　　　　　　　版权所有　违者必究

CONTENTS

✱ 你的出生，让整个天空的星星更加璀璨耀眼 _7

查尔斯·吕西安·莱昂德尔　14个月侄子的肖像
爱德华·维亚尔　克洛德·贝尔南－德·维莱尔和母亲
莫里斯·丹尼斯　吃樱桃的诺埃尔
莫里斯·丹尼斯　小号
埃贡·席勒　坐着的孩子
玛丽·卡萨特　戴红帽子的孩子
奥古斯特·雷诺阿　穿白衣服的少女
玛丽·卡萨特　妈妈与孩子
莫里斯·丹尼斯　夜晚的塔楼周围
古斯塔夫·克里姆特　女人的三个阶段
莫里斯·丹尼斯　（海水浴场）更衣室
莫里斯·丹尼斯　母爱，安妮·玛丽和戴椭圆形戒指的玛莎

✱ 拥抱着你，诉说着对你的爱 _33

皮埃尔·勃纳尔　孩子和猫咪
奥古斯特·雷诺阿　穿蓝裙坐着的孩子
玛丽·卡萨特　戴草帽的孩子
玛丽·卡萨特　妈妈和孩子
玛丽·卡萨特　妈妈和孩子
玛丽·卡萨特　脱光的宝宝
玛丽·卡萨特　洗浴
玛丽·卡萨特　艾伦
玛丽·卡萨特　在海边玩耍的孩子们
纪尧姆·迪比夫　雷蒙·迪比夫的肖像

把"画家的家族故事"讲给可爱的你听_55

克洛德·玛丽·迪比夫　1820年迪比夫家族
克洛德·莫奈　躺在摇篮里的让·莫奈
克洛德·莫奈　正在骑自行车的让·莫奈
克洛德·莫奈　让·莫奈
克洛德·莫奈　戴着时装帽的米歇尔·莫奈
克洛德·莫奈　穿蓝毛衣的米歇尔·莫奈
奥古斯特·雷诺阿　让·雷诺阿
奥古斯特·雷诺阿　正在玩耍的克洛德·雷诺阿
奥古斯特·雷诺阿　穿着小丑衣服的克洛德·雷诺阿
贝尔特·莫里索　庭院里的尤金·马奈和女儿
贝尔特·莫里索　抱着小狗的少女
贝尔特·莫里索　朱莉·马奈,抱着猫的孩子
奥古斯特·雷诺阿　手拿鞭子的孩子
奥古斯特·雷诺阿　加布里埃尔和让
保罗·塞尚　画家的儿子

现在妈妈的愿望就是你能健康成长_87

欧仁·卡里尔　生病的孩子
埃米尔·伯纳德　戴帽子的少年
莫里斯·丹尼斯　拳击
尤金·迪雷纳　洗手间
莫里斯·丹尼斯　多米尼克
文森特·梵·高　两个孩子
欧内斯特·鲁阿尔　抱娃娃的女孩儿
雷蒙德·列维-斯特劳斯　克洛德·列维-斯特劳斯的肖像
查理·布伦　杰曼·皮乔特的肖像
泰奥菲勒·亚历山大·斯泰因勒　抱着玩偶的孩子
约翰·辛格尔·萨金特　乡村小孩
约翰·辛格尔·萨金特　康乃馨,百合,玫瑰
玛丽·卡萨特　给朱尔斯擦干身体的妈妈
玛丽·卡萨特　与孩子一起玩耍的妈妈
奥古斯特·雷诺阿　两个孩子

尾声_118

※
你的出生，让整个天空的星星更加璀璨耀眼

妈妈总是微笑着想象你的样子。
无论何时，只要想起你，我的脸上就会浮现出笑容。
你是妈妈在这个世界上最大的喜悦。

法国著名摄影艺术家亨利·卡蒂埃·布列松曾说过：
"拍照时要闭上一只眼睛，这正是为了打开心灵之眼。"

为什么心中会浮现这句话？
大概是因为这幅画虽然不是照片，
但能让人感受到其中洋溢的满满爱意。

画中的人物是作家刚满14个月的侄子。
你能感觉出来吗？只有真正怀着对侄子的爱，才能画出这样的作品。
孩子的母亲如果也能感受到这份关爱，应该是很欣慰的吧。

还在妈妈肚子里的宝贝，出生之后也会这样成长吧？
只是现在还无法想象。
那些已经生了宝宝的人一直反复告诉我，这一天马上就会到来，
到时，或许你会说，还是宝宝在肚子里的时光更加美好。

因为当长到像画中宝宝那么大的时候，
就要给他准备饭和辅食了，
还要随时留心宝宝是否在满地乱爬的时候受伤，忙得晕头转向。

是不是经常像个没头苍蝇一样，
自己一个人拖着疲惫的身子忙这忙那？

笑一笑吧。虽然很累，但小天使的确很讨人喜爱，不是吗？

笑着拥抱一下宝宝吧。
然后给宝宝拍一张照片。
当然，是那种满满的都是爱的照片。

我在睡梦中看到了那一天，笑得很开心。
爱你，我的宝贝。

查尔斯·吕西安·莱昂德尔 Charles Lucien Léandre
14个月侄子的肖像,1902年

*
你的出生，
让整个天空的星星
更加璀璨耀眼

妈妈
正在侧耳倾听孩子讲的故事。

妈妈把身子转向孩子所在的方向，
而孩子则紧追着妈妈的视线，
叽叽喳喳
用那樱桃一般的小嘴讲着自己的故事。

此时此刻，我们的宝宝
也在倾听妈妈的话吗？

虽然世间各种感觉都是通过妈妈传达给你，
但只有声音是直接传递到你的耳中。
所以妈妈希望能够把美妙的声音多多地传递给你，
让你感受这奇妙的世界。

即使偶尔有一些掺杂着火气、
夹杂着小小烦忧的声音出现，
你也是明白妈妈内心的，对吧？

爱你，我的宝贝。

想象着与你相见的那一日，
今天我的声音也格外愉悦。

爱德华·维亚尔 Edouard Vuillard
克洛德·贝尔南-德·维莱尔和母亲，1905~1908年

有这样一句话：如果深爱，
即使只看到对方吃东西的样子，自己也会觉得饱饱的。

曾经，我真的有过这种想法。

不过，比起这句话，
"只看到吃东西的样子，心中就会觉得无比幸福"仿佛更准确一些。

尤其是看到对方津津有味地吃着我做的食物的样子，
心中会感到无比的惬意，
这份惬意就是幸福吧。

这份幸福
充满了我与所爱之人
同在的整个空间。

就仿佛我们呼吸的空气中
包裹着一层粉红的色彩，
所以每次呼吸之间，都能看到空气的流动，
此时是不是感觉到这空气就像是感情一样可以感知呢？

因为你的出生，我又重新体味到这种情感，
你就像是画中的小鬼头一样，唔嘛唔嘛，吧唧吧唧
一脸天真无邪吃着水果，
当与这样的面孔相对，
相信谁都会有相同的心情。

能够体会这种心情的日子马上就要来临了吧？
只是想一想，就感到十分的惬意与幸福，我的宝贝呀。

莫里斯·丹尼斯 Maurice Denis
吃樱桃的诺埃尔，1899年

*你的出生，
让整个天空的星星
更加璀璨耀眼*

想起了我第一次吹竖笛的情景。
小学三年级？
还是四年级？
虽然记不起准确的时间，
但那是小学时候的事情没有错。

第一次吹奏的曲子，
是"学校的钟声叮叮叮"。

♪嗖嗖拉拉 嗖嗖咪 嗖嗖咪咪唻♪
♪嗖嗖拉拉 嗖嗖咪 嗖咪唻咪哆♪

一边在脑海中反复重温着这些音符，
一边不停地运用手指进行练习。

当我第一次准确无误地演奏出来时，
心里说不出有多高兴。

在你出生的那一天，
妈妈会告诉你：
你是带着爱来到这个世界上的。
你也是上天赐予我的最宝贵的礼物。

希望妈妈的声音
在你听来是一首快乐的乐曲。

感谢你，
来到我的身边。

莫里斯·丹尼斯 Maurice Denis

小号，1919年

我静静地看着坐在椅子上的这个孩子,
耳边仿佛回响起《山村少年的爱情故事》这首歌。

妈妈把歌词念给你听。
这首歌的歌词就像是一首诗,
带着节奏感去读,你的心情也会变好。

来,静静地听一听:

> 摘来草叶穿成串
> 漂亮的花儿也放上去
> 你的头发像晚霞一样美丽
> 真想给你戴上这漂亮的花帽
>
> 在小溪边脱下鞋
> 将脚浸在潺潺的溪水中
> 什么时候她要从小路上走过去
> 我的心就会咚咚直跳
>
> 流动的溪水上映着火红的霞光
> 不知不觉月亮出现在云间,发出幽幽的光
> 霞光在溪水上,漂亮的花帽在荡漾
> 某个小山村少年心酸的爱情故事

是不是真的很像一首诗?
如果歌中的少年能与画中的少女相遇该多好啊。
妈妈真想早点见到肚子里的你。

虽然从未相见,但每天都在思念。
我的宝贝。

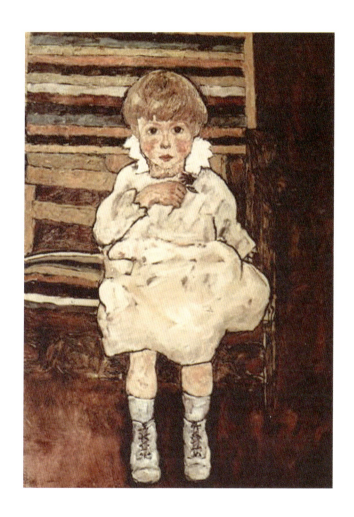

埃贡·席勒 Egon Schiele
坐着的孩子，1918年

你的出生，
让整个天空的星星
更加璀璨耀眼

小孩子的脸蛋儿原本是这种灰白色的吗？
这种情况正常吗？
难道是在黄头发和红帽子的映衬下才显得有些灰白吗？
没错，应该是这个样子。
仔细看一看，还搽了妈妈的口红，嘴唇看起来红艳艳的。
这样对比下来，会显得脸蛋更加灰白。

但不管怎么说，孩子跟帽子很称是吧？
这样搭配会给人留下更加鲜明的印象。

再来说一下孩子的妈妈，
她肯定是带着甜蜜的表情给自己的孩子戴上这顶帽子。
全世界的妈妈们都喜欢给孩子戴帽子。
孩子全身的衣服可以随便穿穿，但是在帽子上要颇费心思。
这样打扮下来，不仅可爱系数翻倍，也更加漂亮了。

但是，孩子们完全相反。他们觉得戴帽子既不方便还碍事。
他们会趁着妈妈不注意的间隙，嗖地一下把帽子扔掉，或者坚决不
给妈妈们面子，固执不戴。
所以画里的孩子才会那样一副老大不情愿的表情。

但是，这又有什么关系呢？
当你出生的时候，妈妈也会选一顶非常适合的帽子给你戴。
你应该是非常适合戴帽子的。
像图画中那顶红色的帽子，或者给人带来暖意的草绿色帽子，
亦或是像小雏鸡一样的嫩黄色帽子，看起来都非常适合你。
不管别人说什么，在妈妈眼中，你是世界上最漂亮的宝宝。

但是，如果你真的非常不喜欢，
那么不管多好看的帽子，我都不会强迫你戴上。
只要有你在身边，妈妈就是世界上最幸福的人。

玛丽·卡萨特 Mary Cassatt
戴红帽子的孩子,1908年

这种发型是不是很惹眼?
两侧的头发垂到耳根下面,
后面的头发剪得齐齐的,
前面的刘海短短的几乎要跳起来。

这个短发的小姑娘看起来真的非常可爱。
是不是想上去捏一捏她圆圆的脸颊?

你问我是不是常常会看到剪这种短发型的孩子?

嗯,
这种短发型无关乎性别,
几乎每个人小时候都曾经尝试过。
妈妈小时候就留过这样的发型,现在也是这样。

忽然之间特别想知道,
当你出生的时候,头发是多还是少?
真想尽早抚摸到你的头发。

宝宝呀,在妈妈的肚子里健康成长吧,我们马上就要见面了。

妈妈会一边看着你吮吸乳汁,一边抚摸着你的头发。
一边抚摸着你的头发,一边用多情的声音与你说话。
如果你的头发长长了,就剪成这种可爱的短发型吧。
无比感谢,你能成为我的宝宝。

奥古斯特·雷诺阿 Auguste Renoir
穿白衣服的少女,1883年

你的出生，
让整个天空的星星
更加璀璨耀眼

啊！
一看到这幅画，我就情不自禁地发出一声感叹。

你问为什么会这样？
在第一次把你拥入怀中的瞬间，
我的脑海里一下子便星光灿烂。

软嘟嘟的肉体的触感，
以及幽幽的婴儿体香。

我在想象拥抱你的那个瞬间。

就像天空之中
出现了璀璨的星河一样，
妈妈的心里也流淌过灿烂的光芒。

我们的宝贝是星星吗？
妈妈的内心
爸爸的内心
我们整个家庭全都因你熠熠生辉。

你，对我们来说
是一颗无比明亮的星星。

妈妈希望能够成为你的天空，
当你到来的时候，可以在我怀里尽情地散发光芒。

璀璨耀眼的宝贝，
我们马上就会见面啦。

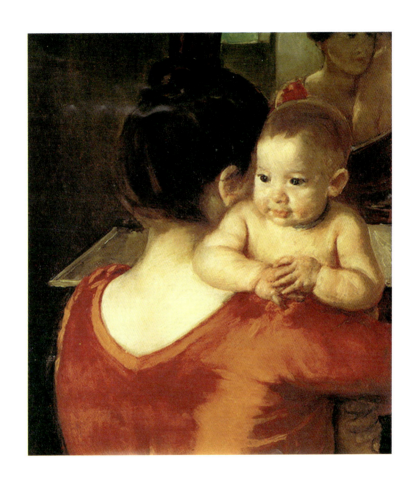

玛丽·卡萨特 Mary Cassatt
妈妈与孩子,1900年

大自然真的无比神秘。
无论何时，在相同的地点
总会以不同的姿态
迎接我们。

当我们需要安慰的时候，给予我们安慰，
当我们需要和平的时候，给予我们和平，
这就是自然。

在柏油路面的缝隙之间看到一朵花儿，
这真算得上是来自大自然的一个善意的祝福。

如果在月色朦胧的夜晚，
可以抱着你走出家门，感受大自然的气息，
妈妈的心里就仿佛微风拂过般惬意。

而把脸颊埋在妈妈柔软胸口的你，
内心是不是也吹过了一阵轻柔的风。
每当我们的脸颊贴在一起轻轻摩擦，
我们的内心深处就仿佛飘过阵阵洁白的雪花。

你在寻求静静的平和，
我在找寻温暖的安慰。

即使突然间妈妈的心里
刮起一阵晚风。

因为有你，我的心依旧温暖。
谢谢，谢谢你，我的宝贝。

莫里斯·丹尼斯 Maurice Denis
夜晚的塔楼周围，1925年

宝贝啊，里面怎么样？
妈妈的子宫里面是不是柔软而又温暖？
因为有着被称为羊水的液体，是不是还可以随波荡漾？

宝贝啊，在里面的心情怎么样？
是不是会被外面突然而至的声音吓到？
听到妈妈的笑声，你的心情是不是也会变得很好？

宝贝啊，你在里面做什么呢？
是不是在慢慢地动着你的手指？
是不是像踢足球一样踢蹬着你的小脚丫？
是不是还偶尔打个嗝儿，吮一吮手指？

你听到妈妈的话了吗？你在妈妈的肚子里，
真是一件神奇而又让我感到幸福的事情。

但是有一件事，让我感到一点点不方便。
随着你越长越大，妈妈很难再睡一个好觉。
睡觉的姿势不太方便，还总是想去卫生间。

所以当我看到这幅画的时候，非常羡慕。
看起来像是妈妈和宝宝相互依偎着，进入了甜美的梦乡之中。

妈妈也非常期待这一天的到来，能像她们一样，
与你肌肤相亲，一起进入甜甜梦乡。
我不禁在脑海中畅想着这样的画面。
你是不是也非常期待？
哦，你好像是在点头？
你问妈妈是不是也在点头吗？

没有,但妈妈在微笑着想象你的样子。
当想着你的时候,脸上总是会不自觉地浮起笑容。
你是妈妈在这个世界上能够体会到的最大的喜悦。

古斯塔夫·克里姆特 Gustav Klimt
女人的三个阶段,1915年

※ 你的出生，
让整个天空的星星
更加熠熠闪耀

在你出生之后，
妈妈想与你一起做的事情有许多许多。

如果从现在开始讲这些事情的话，
那么恐怕直到你出生那天都无法一一讲完。

其中的一件事情，就是和你一起去海边。

用一捧一捧耀眼的沙子，
整整齐齐地堆砌一座沙的城堡。
紧紧地握住你的手，
蹦蹦跳跳地去追逐波浪。
把脚丫浸在水里，
哗啦哗啦地踢打出水花。

我想和你在海边尽情嬉戏，
然后一边洗着澡，
一边搞着恶作剧、相互挠着痒，

这是件很久之后才会发生的故事吧？

能够给你洗澡的日子其实并没有多少吧。

我会把你泡在小巧可爱的澡盆里，
轻柔地擦洗你松软柔嫩的皮肤。

即使现在不能立刻去到海边也没关系，
因为你就是我湛蓝的大海。
期望早日见到你，我的大海，我的宝贝。

莫里斯·丹尼斯 Maurice Denis
《海水浴场》更衣室,1913年

*你的出生，
让整个天空的星星
更加璀璨耀眼*

因为你还在妈妈的肚子里，所以我无法想象。

可以与你这样面对面地目光交流，发自内心地微笑，
用真实的语言交谈，这样的瞬间真的要到来了吗？

那到底会是一种什么样的感觉？

是不是妈妈心里的爱涌出多少，
你的心里就能渗透进多少的感觉？

或者说是
从你眼中流露出的爱与从我眼中流露出的爱，在空中恰巧相遇的感觉？

我真的不知道。
但有一点我是知道的。
你问是什么？
认真听好了，
妈妈悄悄地告诉你。

天上所有的星星都已经准备好了，
在你出生的那一天，它们会一起绽放出璀璨耀眼的光芒。

宝贝啊，你是否已经做好了来到这个世界的准备？
不要害怕，也不要恐惧。

你可以做到，
妈妈也可以做到，
我们都会做得很好。
让我们一起期待、一起等待吧，
等待漫天繁星更加夺目的那一天。

莫里斯·丹尼斯 Maurice Denis
母爱,安妮·玛丽和戴椭圆形戒指的玛莎,1902年

拥抱着你，诉说着对你的爱

孩子有着他们独特的香味。
虽然难以用语言描述，
却是一种非常好闻的味道。

心情最好的应该是那只猫咪吧？
正被少女拥在怀中，享受着满满的爱。
虽然看起来好像正在呼噜呼噜睡得正香，
但仔细观察一下，正一脸惬意地嗤嗤笑着呢。
很舒服吧？
很幸福吧？

心情最糟糕的应该是那只小狗吧？
正呆呆地站在一旁，
看着猫咪得到满满关爱的样子。
虽然看起来好像站在那里一动不动，
但仔细观察一下，真的是一脸羡慕地看着猫咪呢。
很受伤吧？
很嫉妒吧？

或许啊，
心情最好的应该是那位少女。
不是都说比起得到爱，给予会感到更加幸福嘛。
把猫咪温柔地抱在怀中，轻柔地抚摸着它松软的毛，
这不正是在给予爱嘛。

或许啊，
小狗的心情也不会一直糟糕下去的，
它不是把希望得到爱的情感表现出来了嘛。
这份情感会传递给少女的。
或许她马上就会放下猫咪，抱起小狗了。
那么它就会变成一只得到关爱的小宝贝，然后惬意地咯咯笑。

宝贝啊，当你来到这个世界上时，
妈妈也会把你抱在怀里，给你满满的爱。
想象着你躺在我怀里的样子，妈妈今天也非常幸福。

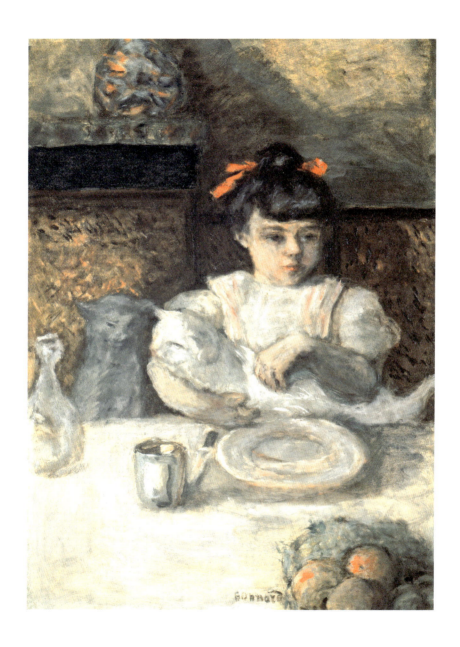

皮埃尔·勃纳尔 Pierre Bonnard
孩子和猫咪,1906年

画中的孩子好像刚刚做完外出的准备工作。
穿着蓝色的裙子，
仔仔细细地打理好了头发，
还抹了腮红和唇彩。

或许在画面之外的地方，
妈妈正在做着外出的准备工作，不是吗？
这从孩子视线汇聚的地方可以看出来。

或许妈妈正在照着镜子化妆呢。
我猜，一直在赞叹"哇，我家女儿真漂亮"的妈妈，
那时才发现留给自己的准备时间很紧迫，
于是开始匆匆忙忙地做着准备呢。
所以孩子才会用那种可爱的目光看着妈妈。

很快就收拾停当的妈妈，
会用充满爱意的目光看着孩子，告诉她：
宝贝，我们快出门吧。

于是，接下来孩子会很快站起来，牵着妈妈的手出门。
妈妈和孩子一边走路，
一边看着对方，笑嘻嘻地分享一些有趣的故事，
然后哈哈大笑起来。
笑着笑着，会同时撅起嘴巴，给对方一个大大的亲吻，
满满的都是爱。

真是太可爱了，爱的话语忍不住要脱口而出。

就像妈妈现在一样。

我可爱的宝贝啊，我对你的爱像天空一样广阔，像大地一样无垠。

奥古斯特·雷诺阿 Auguste Renoir
穿蓝裙坐着的孩子,1889年

看着孩子那一脸不乐意的表情，真是太可爱了，
忍不住扑哧一声笑了出来。

到底什么事情这么严重？
因为不想当画画的模特吗？
还是有什么烦恼的事情？

真想走进画里去问问她，
虽然知道不会得到答案。

当孩子们看起来很严肃时，如果跟他们说话，
十有八九会像这样紧紧地闭着嘴巴。
而大人们明知道是这个样子，却总是一个劲儿地刺探他们，
试图问出缘由。

于是孩子们常常会给出一些意想不到并且毫不相干的答案，
引得大人们继续追问。

而孩子往往不知道大人们这种急切的心情，
如果一直不停地追问，他们往往会哭得一塌糊涂。
可是大人们就连这种模样都会觉得万分可爱，
往往最后一个没忍住，嗤嗤地笑出声来，
直到孩子们怒目而视，才辛苦地忍住。

如果你仔细观察一下这幅画，会发现孩子的表情更加可爱了。
握着两只手站着的姿势很可爱，
就连那顶麦秆编的帽子也那么可爱。

看到他们所有的表情和动作都如此可爱，
会觉得孩子真的是一个个小天使。
在我肚子里健康成长的宝宝是最美的天使。
今天也过得很愉快吧，我的天使。

玛丽·卡萨特 Mary Cassatt
戴草帽的孩子，1886年

画里的宝宝好像便便了。

妈妈一只手抱着宝宝,
另一只手扯开他的裤子,
看起来是在确认尿布的情况。

而宝宝
仿佛没有便便在裤子里似的,
一脸无辜的表情,
自顾自起劲地吮吸着手指。

确认完宝宝尿布的妈妈,
接下来是要给他换尿布吗?
当然,如果什么事情都没有的话,
就会在宝宝的屁股上充满爱意地轻轻拍两下,
然后再给他把裤子穿好。

还有谁会这么做?
在妈妈的眼里,自己的宝宝是最漂亮的,
就连他们的便便都是美好的。

真的是这样吗?

当你出生的时候就知道了,
到那时,我会告诉你。

现在,我只想说爱你,
非常非常爱你,我的宝贝。

玛丽·卡萨特 Mary Cassatt
妈妈和孩子，1889年

这幅画是不是像在哪里看见过？
我们不久前刚刚看过的那幅画还记着吗？

没错，
这就是前面我们看过的那幅画的作者
所画的相同的一个场景。

看起来像是开始画画之前，
画过的一个草图。

这也是正式落笔作画之前的一个准备过程。
先画这样的一个草图，
整理一下自己的构想：
应该突出什么样的情感？应该用哪种色调？
都决定好之后再开始画画。

指尖蕴含着气息，
气息之中饱含着热情，在这之间，
时间匆匆流逝，
不知不觉间，作品完成了。
此时，画家的心里会多么欣慰？

妈妈也是这样的。

妈妈和爸爸彼此爱着对方，
这份爱情里注入了幸福，在这之间，
时间如水般流走，
不知不觉中，你就安静地来到了我的肚子里。

妈妈的欣慰像地球，不，像宇宙那么大，那么大。

玛丽·卡萨特 Mary Cassatt
妈妈和孩子，1889年

孩子
有着他们独特的香味。
虽然难以用语言描述，
却是一种非常好闻的味道。

应该怎么表达出这种味道呢？

就像面粉一样细腻松软，
像宝宝粉一样清爽，
像雪花一样惹人喜爱，
这就是从宝宝身上散发出来的那种香味。

这种宝宝所特有的味道，
是任何香水都无法模仿的，
只有宝宝自己才能制造出来。

在这幅画里，也有这种香味不断散发出来。

即使联想到了面粉、宝宝粉和雪花，
也无法完全模仿出来的
独属于宝宝的香味。

不久就会见到的你，也会散发出这种香气。

只是这样想一想，心情就变得无比愉悦。

玛丽·卡萨特 Mary Cassatt
脱光的宝宝，1890～1891年

这是旧时的事儿了。
给宝宝洗澡真的是一件非常辛苦的事情，
因为那时不像现在，有温水直接从水管流出来。
准备洗澡水时，必须先把烧开的热水倒进脸盆里，然后再掺进凉水。
妈妈在调节好洗澡水的温度后，再抱着宝宝，轻轻地，
小心翼翼地给他擦洗。

因为室内温度低，
担心宝宝接触到冷空气会患感冒，
所以洗澡的过程必须很快结束。
由此看来，洗一次澡真的是件令人非常疲惫的事情吧？

真的是非常辛苦啊！
但是宝宝妈妈笑得很开心。
每次洗完澡，给宝宝擦干水珠的时候，
妈妈都会在不知不觉中笑得非常开心，不是吗？

啊，怎么可以这么漂亮……
啊，怎么可以这么可爱……

妈妈在无意中笑得如此开心，
宝宝也会跟着露出明亮的笑脸。
不知不觉中，疲惫消失了，愉悦充盈着整个家庭。

你问这是哪里？
正是不久之后我们的家呀！
给我心爱的你洗完澡，
给软软的你擦干水珠时，妈妈会笑得很开心，
所以你也会跟着妈妈露出明亮的笑脸对不对？
期待着，你明亮耀眼的微笑。

玛丽·卡萨特 Mary Cassatt
洗浴，19世纪前后

※ 拥抱着你
诉说着
对你的爱

宝宝啊，
妈妈想要抱着你，告诉你：我爱你。

听到这样的话，你的心里就会照射进温暖的阳光。

你也对妈妈说一声"我爱你"吧，
这样，妈妈也可以与你共同拥有那心中的阳光。

宝宝啊，
生命这么长，总会有不开心的时候，
也会发生一些令人懊恼的事情，
你有时还会在无意识之中，撅起小嘴。

但是，千万不要忘记，
无论何时何地，妈妈都爱着你。
妈妈要跟你脸贴着脸，告诉你：我爱你。

感受一下妈妈的体温吧，
希望你知道，即使阳光暂时消失不见，那也没有关系。

你也像画中那样，与妈妈脸贴着脸，
静静感受着对方的体温，我们会一起好起来。

就那样分享我们的爱吧。

无论何时何地，我都深深地爱着你。

玛丽·卡萨特 Mary Cassatt
艾伦,1889年

当妈妈还小的时候,
在沙堆上玩过家家,那真是一件非常有意思的事情。
只需要准备朋友一名、铲子以及大铁罐就足够了!
跟朋友一起,用铲子把沙子装进铁罐里,
然后我们就无所不能了。

摆一桌佳肴,再造出桌椅,
这时,我们就会变身为妈妈和孩子。
堆出书桌,又建起学校,
这时,我们的角色就是老师与学生。
如果能聚积起更多的沙子,就可以建造出一座城堡,
这时,我们就变成了公主与王子。

玩着玩着如果觉得没意思了,就放下铲子和铁罐跑到一边,
这时,沙坑就变成了我们的游乐场。
跑啊跳啊,直到喘不过气来,一屁股坐在地上。
把手指当成画笔,写出自己的名字,或者画出朋友的笑脸,
游乐场瞬间变身为速写本。

我们尽情地玩耍,直到太阳徐徐西落,
各自跟着妈妈走在回家的路上。
朝着朋友挤挤眼睛,
在妈妈什么都没发现的时候,就已经与朋友做好了约定:
我们,明天,再见。
明天,还像今天一样,一起玩吧。

即使不说话,我们也能听懂对方的意思,
如果相爱,则心灵相通,不是吗?
宝宝啊,今天,妈妈也用心灵与你对话,
想要百次千次地对你说:
我爱你,胜过其他一切。

玛丽·卡萨特 Mary Cassatt
在海边玩耍的孩子们,1884年

少年已经做好了出去探险的准备:
"我走啦!"
响亮地打完招呼,踢开门,像一支离弦的箭,冲向树林,
看到一只兔子,跟它打声招呼:

"兔子!你好啊!"
兔子吓了一跳,连蹦带跳地逃了。少年匆忙去追,
兔子跑得太快,少年还是没有追上。

"大树呀,最近过得好吗?"
少年说完,一屁股坐在树荫下,胸口还扑通扑通跳得厉害,
平缓一下急促的呼吸,暂时休息一会儿吧。

被追了老半天的兔子,趁着少年不注意,又悄悄跑了回来,
发现了少年,蹦蹦跳跳地跑过去跟他打招呼:
"探险少年!你好!"

少年吓了一跳,回头一看,兔子又连蹦带跳地跑了。
再次提起力气的少年又重新追赶在兔子后面,这时,响起了大树充满担忧的声音:
"小心点,别摔倒了。"

扭头一看,原来是满脸笑容的妈妈张开双臂站在那里:
"我的宝贝,你好吗?现在你想离开这座冒险森林,回到爱的家园吗?"
听到这里,少年露出了灿烂的笑容,扑向妈妈的怀抱,
与妈妈一起回到了爱的家园。

你问爱的家园在哪里?
它就在这里,我们的宝贝出生后,与妈妈一起居住的地方,

这就是爱的家园啊!
快点到来吧,我的宝贝,
来到这座爱的家园,妈妈在这里等你。

纪尧姆·迪比夫 Guillaume Dubufe
雷蒙·迪比夫的肖像,1878年

把"画家的家族故事"讲给可爱的你听

克洛德的爸爸为了凸显红色的效果,
认为给克洛德穿上白色的女式长袜会更好。
但克洛德显然不喜欢穿女式长袜。

把"画家的家族故事"
讲给
可爱的你听

怎么会这么可爱?
瓷白色的皮肤,红扑扑的脸蛋儿,虽然表情略带冷漠,
但真是一个可爱的宝宝,对吧?

克洛德·玛丽·迪比夫

你问周围的人都是谁?
那是宝宝的家人呀。
这是一位叫克洛德·玛丽·迪比夫的画家,
把自己的家庭成员呈现到了画布上。
这是1820年——没错没错,那是很久之前了——居住在法国的一个家庭的面貌。
你问谁是克洛德·玛丽·迪比夫?
就是在宝宝右边的那个男人,他既是这幅画的作者,
又是宝宝的父亲。
把手放在迪比夫肩膀上的那个女人就是宝宝的妈妈了。
宝宝挺直的鼻梁遗传自爸爸,晶莹剔透的眼眸则像极了妈妈。
如果我们的宝宝也能遗传到爸爸妈妈好看的部位就好了。

瞧着画中女人们的发式,会让人情不自禁地笑出来。
看起来那种前面烫成小圆卷的发型,在当时那个时代非常流行。
带着蕾丝花边的衣服也让人印象深刻。
宝宝天鹅绒的帽子和珍珠项链着实夺人眼球。

如果说最引人注目的,
是宝宝的皮肤和脸蛋儿,还有他面部的表情,
真的是越看越可爱啊!

不过,妈妈知道,
我们的宝贝当然会更加可爱。

我可爱的宝贝啊,
快点到来吧。

克洛德·玛丽·迪比夫 Claude Marie Dubufe
1820年迪比夫家族,1820年

把"画家的家族故事"
讲给
可爱的你听

克洛德·莫奈

1840年,画家克洛德·莫奈出生了。
莫奈的父亲是巴黎的一位杂货铺商人。
莫奈童年的时候非常淘气,但他的才能早早地被发现了。
莫奈从小就非常喜欢画画,
他在练习册上画老师们的小漫画,
教科书上空白的地方也满是他的涂鸦。
但是,莫奈的父亲却不太喜欢儿子画画,
他认为做生意赚钱才是最重要的,
因为他曾有过一段非常糟糕的记忆:自己父亲因为事业失败,不得不回到家乡。
所以,他觉得一定要赚很多很多的钱才是正途。
站在父亲的立场上,这是理所应当的,
但是莫奈无法放弃画画。
因为沉浸在作画中,时间不知不觉就过去了,
画画的时候,是莫奈最幸福的时刻。

这对在思想上相去甚远的父子,
其间的距离恐怕很难拉近。
莫奈应该是非常希望能与父亲一起度过快乐的时光吧?
这是多么饱受煎熬而又受伤的内心啊!

画中的宝宝就是莫奈的长子——让·莫奈。
在莫奈成为父亲的那一天,他的心情是怎样的呢?
想到自己的父亲,他的内心应该是百感交集的吧?
当唇触及到孩子的额头时,他想到的会是相信并支持儿子的才能吧。

我家那位即将成为人父的男人也是这么想的。
你问那个男人是谁?
他就是每天都会说爱你,扳着指头等着你出生的帅气父亲啊。

再等一会儿!
今天也要对你说爱你的爸爸马上就要回家了。

克洛德·莫奈 Claude Monet

躺在摇篮里的让·莫奈，1867年

这幅画中的人物也是莫奈的长子——让·莫奈。
刚才看到的还是一个小娃娃，现在可是长大了不少。
骑上自行车，还真有点小大人的样子。

不难看出，莫奈以满怀温情的目光创作了这幅作品。
不知他当时是否想起了曾经向他敞开温暖怀抱的姑母。
莫奈的青年时代曾与姑母一起度过，
姑母不仅给予了他温暖的怀抱，
还为他提供了源源不断的颜料和画笔。
得以尽情作画的莫奈，一有时间就来到郊区。
他只画那些自己想画的户外风景。
他作画的速度非常快，如果在创作过程中，他所中意的光影效果发生改变，他就会一直等到相同光线再次出现的那个瞬间。
由此可以看出，他更关注于"瞬间光色"。

如果兼备了关注与努力，就会得到认可吗？
他的同事保罗·塞尚曾赞美他有一双"了不起的眼睛"。
他的瞬间观察能力的确非常出色。
当莫奈全身心地进行绘画创作时，他的画家身份开始得到认可。
但是因为他不愿意把作品卖掉，导致他的生活日益艰难。
据说，在这幅画中骑着自行车的长子出生后，
他已经陷入连牛奶都买不起的境地。
但无论处在多么困难的情况下，只要看到洋溢着灿烂笑容的儿子，
他的心中就仿似射入一束温暖的光。
无论如何，都不会让那束"瞬间光色"溜走。
正因为他是一位拥有卓越观察力的画家，
所以才能令这光芒铺满心灵的画板。

你知道吗？
当你蹒跚走路的时候，当你四处乱跑的时候，

在妈妈和爸爸的心里,也有一道灿烂的光芒。
虽然妈妈和爸爸没有卓越的瞬间观察力,
却也打开了心灵的画板,并在不断地努力填充它。
宝贝,谢谢你!因为有你,我们的内心才如此多姿多彩。

克洛德·莫奈 Claude Monet
正在骑自行车的让·莫奈,1872年

莫奈在野外画过很多画。
而事实上,在野外作画并不是一件容易的事情。
时而要忍受骄阳炙烤,
时而要与风沙展开搏斗。
在狂风大作的日子里,
甚至要把身子藏在岩石后面画画。

真的很了不起吧!
这是发自内心地热爱着画画啊!
如果不是这样的话,怎么可能会如此勤奋努力呢?

不过,最幸福的时刻,
就是给儿子画画的时候吧!
在给长得如此英俊潇洒的儿子画像时,
就算是生活再怎么疲累不堪,幸福感也会瞬间回归吧。

事实上,妈妈和爸爸也是这样的。
在心里勾画你模样的时候,
不自觉间,微笑就会浮上脸庞。

你也是一样的吧?
听到妈妈和爸爸的声音,
是不是也会觉得很幸福?

让·莫奈大概也是这样的。
看到正在给自己画像的父亲,
心中不知不觉间就会涌上幸福的感觉。

克洛德·莫奈 Claude Monet
让·莫奈，1880年

莫奈曾经在很长一段时间里，都住在巴黎附近一个叫吉维尼的小镇上。

莫奈在那里找到了一个地方，盖了很大的一个庭院。
一边是花圃和工作室，另一边是一个池塘。
莫奈的两个儿子也会在一边帮忙锄锄草、捡捡石子。
你问那两个儿子是谁？
长子就是我们在前三幅画里见到过的让·莫奈，
老二则是现在这幅画里看到的米歇尔·莫奈。

怎么样？
长得很可爱吧！
红扑扑的脸上一双圆圆大大的黑眼睛，微微咬紧的嘴巴显出略带害羞的表情。
真是一张越看越可爱的小脸蛋儿啊。

我们的宝宝会长成什么样子？
光从超声波照片上看就很可爱了，对吧？
虽然你会问，人怎么能从这种照片上看出可爱的影子？
但是妈妈就是知道。
你问怎么知道的？
因为是妈妈，所以知道。
只需要一眼，就知道你是世界上最可爱的人儿。

嘿嘿，
世上最可爱的我们的宝贝，
越看越可爱的我们的宝贝，
你要健健康康地成长，在妈妈的肚子里待到足月，
然后在一个最好的时机与我们见面。

愿你今天也过得平安、幸福。

克洛德·莫奈 Claude Monet
戴着时装帽的米歇尔·莫奈,1880年

妈妈第一眼看到这幅画的瞬间,
就想起了莫奈的长子——让·莫奈。
但标题写的是"次子",
擦擦眼睛再仔细看一看。

这样一看,还真是说像也不像,说不像又有点像。
不管怎么说,米歇尔·莫奈
长得很像前面看到过的哥哥让·莫奈。
虽然五官都不一样,
但猛地一看,那种气质和感觉还真是很像。

都是一家人,当然会这样的。
我们相像的地方在哪呢?
眼、鼻、嘴巴会像吗?
气质和感觉会像吗?
习惯和语气会像吗?

哈哈,真是太想知道了,
你和我到底会像在哪里?
当见到你的时候,
要把妈妈的脸放在你的脸旁,
咔嚓咔嚓照几张照片,
然后仔细地看一看,
你和我,到底哪里像呢……

心情会非常好呢。
看到跟妈妈像又不像的你,看到跟爸爸不像又像的你,
心情既兴奋,又满是好奇。

真想快点见到你,我的宝贝。

克洛德·莫奈 Claude Monet
穿蓝毛衣的米歇尔·莫奈，1883年

把"画家的家族故事"
讲给
可爱的你听

奥古斯特·雷诺阿

法国画家,雷诺阿。
这是他的二儿子让·雷诺阿。

头发是不是挺长的?
如果画上没有写明这是儿子的话,
你会不会看不出这是个男孩儿?
再加上头发上还绑着蝴蝶结的发带,
穿着带有蕾丝花边的衣服,
恐怕有很多人都会认为这是他的女儿吧。

但这真是雷诺阿的儿子,
名气不输其父的让·雷诺阿。
他长大后从事了电影制作行业,
作为一个不逊其父的有名艺术家,让·雷诺阿
在 20 世纪中期成为法国颇具代表性的电影导演。

怎么样?听了这个故事之后,现在看起来像是个男孩儿了吗?
但妈妈还是糊涂着。
假如能直接看到这个孩子的话,我会问他:
"你到底是个男孩?还是个女孩?"

直到现在,也有人不断地问我:
"你喜欢儿子,还是喜欢女儿?"
每当这时,妈妈会这样回答他们:
"性别有什么重要的,孩子能健健康康就可以了。"

这些是妈妈的真心话,
比起性别,你的健康更重要。

宝宝啊,请你健康地成长,然后来见妈妈吧。
还有啊,见到妈妈之后,也要继续健健康康地长大啊。
爱你,我的宝贝。

奥古斯特·雷诺阿 Auguste Renoir

让·雷诺阿,1899年

樱桃一样的嘴唇，再加上胖乎乎、红彤彤的小脸蛋儿，是不是让你眼前一亮？
所以，妈妈一开始也以为这是个小女孩儿，
但事实上，他是个男孩儿。
是不是很吃惊？
但这是事实呀。
这个孩子是雷诺阿的小儿子，名叫克洛德·雷诺阿。

不过说真的，在妈妈小时候，
也有明明是男孩子，却看起来像女孩儿，
或是明明是女孩子，但看起来却像男孩儿的朋友，
小时候的确常常会发生性别难以区分的情形。
当看到一个可爱的小孩，称赞他："好漂亮的小公主呀！"
孩子的妈妈却会说："我们家是儿子呀！"
要不就是称赞说"真是个当将军的料"，却被告知是个小姑娘。
所以，以后再说类似的话时一定要小心啦，
虽然是无心之语，但或许会让听的人心里不舒服。

刚一看到克洛德画像的时候，我就脱口而出："你可真漂亮啊！"
不过看起来克洛德好像什么都没听到，
因为他正在专心致志地玩玩具。
话说小孩子们呀，
一玩起自己喜欢的玩具，
注意力会非常集中，好像无论谁叫他都听不到似的。
妈妈小时候也这样，
一拿到玩具，就连吃饭的时间都完全忘记了，
直到肚子里"咕噜噜咕噜噜"地唱起空城计，
才猛然发觉肚子饿了。
还曾经有几次不知不觉玩了一整天，最后被妈妈狠狠骂了一顿。

大概克洛德现在也已经忘记了爸爸正在给自己画画，
他所有的注意力都放在手里的玩具上了吧？

你以后是不是也会这样?
那么妈妈就跟你一起玩吧。
但是一定要记得吃完饭再接着玩,
不然玩到没有精神,太阳还没下山,就呼呼睡着了。

努力吃饭,好好睡觉,才能健康嘛。
妈妈是这样,你也应该做到呦。
今天吧嗒吧嗒努力吃饭,呼噜呼噜好好睡觉,明天再来分享我们的爱吧。

明天,我会比今天更加爱你,
我最可爱的小宝贝。

奥古斯特·雷诺阿 Auguste Renoir
正在玩耍的克洛德·雷诺阿,1905年

头发梳得好整齐呀，
脸型变长了，个子也更高了一些，
但这次还是穿着红衣服呢。
知道这是谁吗？
对，没错，就是前面刚刚看到的克洛德，
是那个还在玩着玩具的克洛德4年之后的样子。
现在已经长成一个帅气的少年了对吧？
穿着像红色瓮缸一样的衣服，
看起来还是那么可爱呀。
爸爸又把你当做模特在画画了，是不是很开心？
但为什么是那样一副表情呢？
大概是在动什么鬼心眼儿吧。

克洛德的爸爸雷诺阿为了凸显红色的效果，
认为给儿子穿上白色的女式长袜会更好。
但克洛德显然并不喜欢这样。
但最终还是被哄着穿上了，
所以心情着实不算太好。
但爸爸应该是很开心的吧？
看着正在打着鬼主意的克洛德这么可爱，自己在无意之中也会偷偷笑出声吧。

妈妈跟他一样，
在你打着鬼主意的时候，妈妈能明白你心里在想什么，所以会忍不住想笑。
你的样子可爱到无边无际，妈妈一边笑着，一边想把你拥入怀中。

我在等着那一天的到来，
比起其他，我现在更加期待与你初次见面的那一天，
马上就要见到你了，见到你的时候，我会忍不住笑出来的。
你也在期待那一天吧！

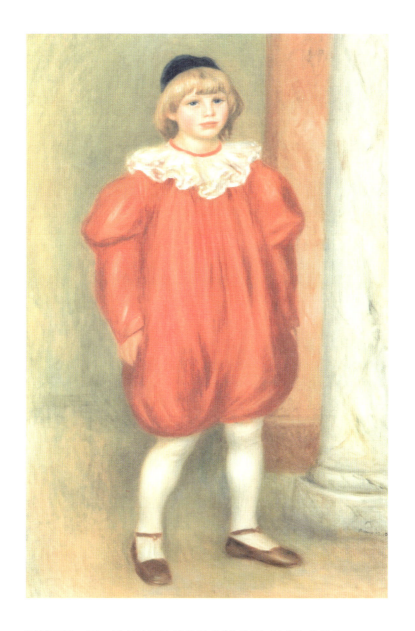

再稍稍等一下。适当的等待是给予我们"更加激动"的礼物。
好好维护着我们的"更加激动",在适当的时候见面吧。
今天比昨天更加爱你,我的宝贝。

奥古斯特·雷诺阿 Auguste Renoir
穿着小丑衣服的克洛德·雷诺阿,1909年

贝尔特·莫里索

马奈是一位有名的法国画家。
作为法官的儿子,他从小成长在一个富裕的家庭里。
他梦想成为一名画家,但却遭到了父亲的反对,
于是成为一名实习水手,往返于通往南美洲的航路上。
当然,他最终还是走上了画家的道路,不过这都是后话了。
假如他继续当船员的话,我们就无法看到马奈的作品了,不是吗?

这幅画的模特是马奈的弟弟尤金·马奈和他的女儿朱莉·马奈。
但这幅画却不是马奈所画。
那么是谁画的呢?
正是画中人的妻子、母亲——贝尔特·莫里索所画。
那么贝尔特·莫里索也是画家吗?
没错,她还是一位非常优秀的女性画家。
她擅长以丰富、细腻的色彩,
表现出日常生活中女性和孩子们的样貌,以及朴素的室内场景等。
在她的作品中,你是不是能感受到那满满的、充满温情的视线?
这是毋庸置疑的,
因为笔下是她深爱的丈夫和女儿。
注视着自己深爱的家人,脸上带着淡淡的微笑,这样画出来的画,
理所当然能感受到温暖的视线啊!

宝贝啊,你是不是也感受到了?
妈妈正在用温柔的目光注视着你。
虽然现在我们的目光无法直接接触,
但妈妈每天都会抚摸着肚子看着你,想象着你的样子。
当我们能够四目相对的那一天到来时,你是不是也会这样温柔地看着妈妈?

到我们能够四目相对的那一天,妈妈要把你紧紧地拥在怀里。
对你来说,妈妈的怀抱能是世界上最温暖的地方就足够了。
爱你,非常爱你。

贝尔特·莫里索 Berthe Morisot
庭院里的尤金·马奈和女儿,1883年

这幅画也是贝尔特·莫里索以女儿朱莉为模特所画。

朱莉从小就与许多艺术家近距离接触,并在这种环境中成长起来,
伯父马奈和妈妈都是画家,这也是很自然的事情,不是吗?

在艺术家的家庭中出生,
见到画家的机会自然就会很多,
朱莉就是在艺术家们满满的关爱中成长起来的。

朱莉后来把自己写的日记整理成书,出版发行,
在这本日记里,她记录了许多我们所不知道的艺术家们的日常生活。
近距离与艺术家们亲密的接触中,
收获了无数关爱的朱莉,真的是非常幸福啊。

宝宝啊,
你也很幸福对不对?
有这样漂亮的妈妈和帅气的爸爸,
近距离地注视着你、拥抱着你、关爱着你,
并与你一起生活着。

哇!
真是幸福到令人吃惊的生活啊。

哈哈,
妈妈和爸爸也很幸福。
因为有你触摸、亲吻着我们的脸颊,爱着我们,
所以我们拥有了最大的幸福。

亲密地相互拥抱、注视、关爱、激励,
让我们长长久久地幸福生活在一起吧。

贝尔特·莫里索 Berthe Morisot
抱着小狗的少女,1886年

朱莉的妈妈，贝尔特·莫里索，
曾经拜托雷诺阿
给自己的女儿画幅肖像画。

雷诺阿接受了她的请求，
于是坐在朱莉的面前开始作画。

朱莉称呼雷诺阿为"雷诺阿叔叔"，非常仰慕他。
朱莉的日记中曾提到："雷诺阿叔叔非常有魅力，他谈吐风趣且待人亲切。"
从这段描写中我们就可以知道朱莉对雷诺阿的态度。
所以当知道雷诺阿要给自己画画时，
朱莉非常兴奋地坐在他面前。
但是，不久她就知道这不是一件容易的事儿。

因为雷诺阿在给朱莉画肖像时，想要寻找一种新的画法。
所以他会要求朱莉长时间摆同一种姿势，
也会让她变换多种姿势。

朱莉感到非常无聊、非常累，
她甚至想霍地一下站起来，放弃算了。
但朱莉最终表现出极大的耐心，坚持到底，
使这幅画得以最终完成。

妈妈非常想感谢朱莉，
因为多亏了朱莉的耐心，
我们才能看到这么漂亮的一幅画，听到这么有趣的故事。

朱莉啊，谢谢你。
还有一直在听妈妈讲故事的宝宝，
也谢谢你。

贝尔特·莫里索 Berthe Morisot
朱莉·马奈,抱着猫的孩子,1887年

把"画家的家族故事"
讲给
可爱的你听

明亮的阳光照耀着少女,
看起来她很喜欢成为画中的模特。
不是吗?你看她毫无不满,只是平和地注视着画家。

这幅画也是雷诺阿所作,
画中的人物却不是雷诺阿的家人,大概是哪位熟人吧。

比起雇用专业模特,
雷诺阿好像更喜欢让自己的熟人来当模特。

但是看着这幅画,我却不禁疑窦丛生:
穿着漂亮连衣裙和皮鞋的少女,为什么手里会拿着一根鞭子呢?

得儿~驾~得儿~驾~难道是在用鞭子抽打玩具马吗?
咯噔咯噔!或许是刚刚跑过去捡起来别人遗落在路边的鞭子?

宝宝啊,
你为什么想要知道这些?
雷诺阿叔叔是生活在过去那个时代的人,我们无法直接询问他,
所以现在只能想象一下。

等将来你长到能跟妈妈聊天,并可以自己看画的年纪,
我们就一起来想象吧。
我们在美术馆约会吧,去看更多漂亮的画。

梦想着我们一起去美术馆、一起去旅行的日子,
今天也过得很幸福。
你也要幸福啊。

奥古斯特·雷诺阿 Auguste Renoir
手拿鞭子的孩子,1885年

这幅画也是雷诺阿所作。

是不是把妈妈和孩子之间深情的神态画得很传神?
我家宝宝和妈妈3年之后
也会是这个样子的。

但是,
画中的孩子是雷诺阿的儿子让·雷诺阿,
画中的女子却不是孩子的妈妈。

那么这是谁呢?
据说她是孩子妈妈的远房表姐。

她在雷诺阿家中当乳母,
同时还兼任雷诺阿的模特。
虽然不是专业模特,
但做了几次之后,
一点也不逊色于那些专业模特。

大概是这个原因,所以她与孩子玩耍的样子
非常自然,
很容易让人误认为她是孩子的妈妈。

不管怎么说,她们两人的样子看起来很幸福吧?
我们以后也这样一起玩耍吧。
我梦想着那一天。
今天,我一如既往地爱着你。

奥古斯特·雷诺阿 Auguste Renoir
加布里埃尔和让，19世纪前后

把"画家的家族故事"
讲给
可爱的你听

保罗·塞尚

距离你出生很久之前，
在1869年的巴黎，
画家保罗·塞尚遇到了霍顿斯·菲凯。

这是发生在保罗·塞尚三十岁，
霍顿斯·菲凯十九岁时的事情。

当两个人视线相对时，
就仿佛摩擦出了灿烂的火花，他们相爱了。
三年后，
他们的孩子出生了。

如果是在现在，
医生看到他们夫妇时会这样说：
"跟爸爸活脱一个模子刻出来的。"
你问是孩子吗？
嗯，没错，是个非常像保罗·塞尚的儿子。

这幅画里的少年就是他的儿子——保罗。

塞尚无疑是非常爱他的儿子的。
你问有多爱？
爱到无法丈量这份爱的广度与深度。
但是你可以感受到，
因为你的爸爸也是这样爱你的。

期待无条件的父爱吧。
真想早日见到你，我们像烟花一样灿烂的宝贝。

保罗·塞尚 Paul Cézanne
画家的儿子，1881~1882年

**
**

现在妈妈的愿望就是你能健康成长

在碧绿的田野上,和朋友一起玩耍,是我对你的祝福。
还有可以与兄弟、姐妹,以及表兄妹一起
嬉戏、欢笑、打闹的时间。

妈妈的心愿，
就是你能够健康成长。
但我们并不是每天都能健健康康的对吧？
刮来一阵凉风，可能就会咳嗽，
也许某一天还会突然发起烧来。
跟朋友一起玩耍的时候可能会磕着碰着，
饮食不注意的话还会拉肚子。

你不舒服的话，妈妈也会更加不舒服，
我们全家人都会感到难受。
在这幅画里，你能感受到为得病的孩子担忧的家人的心情吗？
抱着孩子的母亲、兄弟，甚至连宠物狗狗都在为孩子担忧，
他们都守着孩子寸步不离。
尤其是那个端着水杯的孩子，看看他的表情，
从他脸上可以读出希望婴儿快点好起来的迫切。

妈妈看到这幅画，心中不禁浮起一阵阵焦急，
你一定要无痛无灾、健康地成长啊。
尽管也会有不舒服的时候，
妈妈希望到那时，你能够坚持抵御住，然后展露出可爱的笑容。

仔细想一想，提到健康，
说不要有病痛也好，说战胜了病痛也好，
比起一次也没有被病痛打败的人来说，
打败了之后，能够对自己说没关系，再次站起来的人，
才是真正健康的人。
希望你就是这种身心都健康的人。

虽然宝宝有了病痛，我也会伤心，
但就像画里那个不断跟宝宝说着爱他的话，亲吻着宝宝的妈妈一样，

妈妈会一直守护在你的身边,给予你全身心的支持。
让我们一起健健康康地生活吧,
身体棒棒,内心棒棒!

欧仁·卡里尔 Eugène Carrière
生病的孩子,1886年

这是个正在全神贯注思考问题的少年。
他在思考什么呢?
是考虑接下来想要做什么?
还是遇到了什么苦恼?
或许是刚刚被妈妈教训了一顿,所以才这样一幅闷闷不乐的表情?
亦或许是正在想念自己爱慕的女孩儿呢。

让妈妈说呀,
虽然你成长的过程中要性格开朗,
与朋友之间亲密融洽,
尽情地嬉戏玩耍,这样都很好,
但像这样一个人静静地思考,也会是一段很享受的时光呢。

这段时光,
就是追问自己内心的时光。
这段时光,会成为肥料,
浇灌心灵的幼芽,使它长出美丽的花朵。

妈妈多么希望,
你的内心能长成一片翻涌着绿色嫩芽的草原,
在草原之上开出大片大片五彩缤纷的鲜花。

现在,你在想什么呢?
多么希望你在想妈妈啊。
爱你,
你是我心中开出的最美的花朵,
我的宝贝。

埃米尔·伯纳德 Emile Bernard
戴帽子的少年，1889年

祝愿你能在嫩绿的草地上，
与朋友们一起尽情地玩耍。

能有与兄弟、姐妹或是朋友一起
玩耍、欢笑、聊天的时间，这是多么幸福啊。

展开一场决斗，
无论是赢了也好，输了也罢，
无论是努力取得胜利也好，故意输掉也罢，
这样的时光都是送给你心灵的绿色礼物。

画中的场景能够成真该多好，
与你一起欢笑的朋友、兄弟、姐妹们，
能够常伴你身边，这该多么幸福。

所以，
让你的心中都填满草绿色的记忆吧，
我们就可以边笑，
边聊着这些美好的记忆。

希望这一切能够成真。

莫里斯·丹尼斯 Maurice Denis
拳击，1918年

从外面回到家里，
一头扎进洗手间，打开水龙头，
用肥皂打出软软蓬蓬的泡沫，
然后把手洗得干干净净，
那种感觉真是太棒了。
把在室外沾染的灰尘，
以及像灰尘一样的怨言，
像怨言一样的忧郁都统统洗掉的感觉。

心情变好了，
内心变明媚了。

妈妈小时候就是这样，
洗一洗手，心情就会变好一点。
尤其是肚子饿的时候，
看着我的妈妈在厨房里做完饭，
然后跑到洗手间洗手时就会有这种感觉。
一边洗着手，就会听到妈妈在大喊：
"快点洗手，出来吃饭啦！"
一听到这句话，洗手的速度就会突然加快。
一下子推开洗手间的门，一屁股坐到餐桌前，
一边说着"我要开动了"，一边拿起汤勺的心情，真是太棒了。

看着我狼吞虎咽吃饭的样子，
妈妈就会露出那种"妈妈的微笑"。
时间真的如白驹过隙，瞬间即逝，
转眼间，我也当妈妈了，也在一边看着你，一边露出"妈妈的微笑"。

爱你，我的宝贝，真的谢谢你，
谢谢你让我成为一名母亲，
谢谢你让我体会到露出"妈妈的微笑"时的感觉。

尤金·迪雷纳 Eugene Durenne
洗手间，1901年

在湛蓝的大海上眺望天空的少年，他正在想什么？
让妈妈来猜一下这个少年的内心吧。

挣脱了每天都在重复发生的琐事，朝着大海进发的少年，
眺望着广阔的天空，心胸豁然开朗。
真想永远都不再回去，一直在大海上自由自在地游荡，
心里都是满足。

但当画中的这一时刻闪过，
一天、两天、三天、四天、五天、六天过去后，
这个少年还会有同样的想法吗？
到那时，旅行也变成了一件每天都在重复发生的琐事。
第一、二天的时候感觉非常棒；第三、四天的时候，
淡淡的无聊就找上了门；
等到第五、六天的时候，
就会开始想念有过豁然开朗之感的第一天了。

在温暖的屋子里，看着这幅画的妈妈，此时正在想什么呢？
妈妈正在想象你的样子，正在想要跟你说什么。
再稍稍等一下，妈妈一会儿告诉你。

一、二、三、四、五、六、七、八、九、十。
现在可以告诉你了。
一天、两天、三天、四天、五天、六天……
一个月、两个月、三个月、四个月、五个月、六个月……
十年、二十年、三十年、五十年、一百年……

即使时间流逝，
当我们相互凝视对方时，内心仍有豁然开朗的感觉，
就像初次航行在大海上一样，那该多好。
就算在一艘船上呆了很久很久，也不感到乏味；

无论是波涛汹涌时的不安,还是风平浪静时的感恩,都能一起分享这份心情,
能够一直成为相依相偎、互敬互爱的家人,那该多好。
挣脱日复一日的琐事,去远方旅行,这样的生活的确美好,
但我们平凡的日子、我们日常的生活
其实就是最好的旅行。

莫里斯·丹尼斯 Maurice Denis
多米尼克,1921年

看到画中这两个孩子,
"搭肩之友"这个词就浮现在我脑海中。
"搭肩之友",如字面所言,
就是能够相互把胳膊搭放在对方的肩膀上,
肩并肩地站在那里的朋友。

还不明白是什么意思吗?
以前,有个叫《搭肩之友》的古老童谣,
听了这个童谣的歌词,理解起来会更加容易一些。
歌词是这么说的:

朋友朋友,搭肩之友,无论何地,一起去吧;
朋友朋友,搭肩之友,无论何时,一起玩吧;
朋友朋友,搭肩之友,叫你,你就过来吧;
朋友朋友,搭肩之友,不分你我,一起玩吧。

怎么样?现在能明白了吗?
能明白妈妈的意思吗?

胳膊搭着胳膊,并肩而站,这一站可不是简单的站,
其中蕴含着要注视着相同的地方并一起行动的意思。
我们就是这样的搭肩之友,
一起向同一个目标前进吧!

如果你的生命中出现了真正的朋友,
那就跟这个搭肩之友注视同一个地方吧。

爱,不仅仅是相互看着对方,
还是能够拥有同一个注视的地方。

文森特·梵·高 Vincent van Gogh
两个孩子，1890年

妈妈小时候，
喜欢带着娃娃，玩过家家游戏扮妈妈。

早晨起床之后，
给她洗脸刷牙，
然后让她坐在一边，装出给她喂饭的样子，
有时还会咿咿呀呀地用我们自己的语言说着什么。

当夜晚降临的时候，
给她换上睡衣，
再把头发梳得整整齐齐，
然后躺在她的身边，给她唱一首摇篮曲，
哄她入睡。

那时，我从来没有想过，
从来没有想过，游戏里的妈妈变成"真正妈妈"的这一天
竟会来到。

画中的孩子现在也还不知道，
她将来的某一天会成为妈妈吧？

宝宝啊，
谢谢你让妈妈成为了真正的妈妈。
我盼望着，盼望着，
与那娃娃一般漂亮的你见面的那一天。

欧内斯特·鲁阿尔 Ernest Rouart
抱娃娃的女孩儿,1890年

这幅画一看就知道,
在画作之外,妈妈正在呼唤孩子,不是吗?
它给人的感觉是,
妈妈一喊"宝宝呀!"孩子就把头转过来看着妈妈的样子。

妈妈小时候也是这样,
正在兴致勃勃地骑木马时,
妈妈喊了我的名字,我就会立马扭头看向她,还会附赠一个甜甜的笑。

你也是一样的吧?
妈妈在书里看到过,
说是胎儿长到 15 周的时候,就可以听到声音了。

即便无法灵活地转动头部,
但也能对妈妈的声音做出反应了,为此,
妈妈会经常叫你的名字。
我和爸爸一起,要为你起了一个好听的胎名,
我们每天都会呼唤你。
你要对爸爸的声音也有反应哟,
不然的话,说不定爸爸会生气的呀。

今天,
我和爸爸也一起叫你的胎名了,一边叫一边笑。
仅仅只是叫着你的名字,我们就很快乐。

你也是这样的吧?
只是听到妈妈和爸爸的声音,就会很快乐吧?
嘿嘿,妈妈都知道的哟。
所以,我会每天每天、多多的呼唤你。

这样,我们所深爱的你,就可以多多地听到妈妈和爸爸的声音了。

雷蒙德·列维-斯特劳斯 Raymond Lévi-Strauss
克洛德·列维-斯特劳斯的肖像,1912年

第一眼看到这幅画的时候，
首先进入视线的是少女嘟着嘴、略显生气的表情，
然后让我们再继续观察。
少女的模样仍旧可爱，
少女的内心也仍旧流露出微微别扭的情绪。
自然，我们也看到了少女怀中抱着的小鸟，
而小鸟所感受到的温馨，也渐渐温暖了我们。

妈妈的视线就像一只小鸟一样，在画中自由飞翔。
忽然，就如同小鸟归巢，
视线再次回到第一眼停驻过的少女的表情上，
仿佛哪里发生了变化。
分明是气鼓鼓的表情，
却能看到一丝自然流露出的笑容。
虽然不是那种咯咯地开怀大笑，
也与我们平时所见的笑容略有不同，但她分明是在笑着。
少女内心深处萌发出的笑容，就好像是一只小鸟，
原本在心里扑棱棱地飞着，
却一不小心，冲破了一丝丝的外表。
非常自然而然地，慢慢地渗透出来。
因为怀中抱着自己喜爱的小鸟，
所以少女得到了幸福。
是不是在少女幸福之情的感染下，
小鸟也感到了幸福？

妈妈的怀中拥抱着深爱的你，所以得到了幸福。
是不是在妈妈幸福之情的感染下，你也感到了幸福？

希望就如一只小鸟一样，
我们的幸福，
我们的内心，可以自由自在地飞翔。

今天,妈妈依旧想念你。
爱你,我的宝贝。

查理·布伦 Charles Brun
杰曼·皮乔特的肖像,1881年

看一看世界名画中，有孩子出现的作品，就会发现：
孩子抱着玩偶娃娃的画真的是非常非常多。
因为孩子们喜欢娃娃喜欢到那种程度吗？
据说孩子长到18个月就会闹着要玩偶了。
然后会根据自己看到的行为进行模仿。
就是说如果妈妈给自己梳头发的话，
自己也会给娃娃梳头发；
如果妈妈时常会亲亲自己脸颊的话，
自己也会时常亲亲娃娃的脸颊。
以此类推，
如果妈妈尖着声音大喊大叫的话，
孩子也会对着娃娃大喊大叫。

那么，宝宝啊，
你以后会抱着娃娃，亲亲她，并告诉她你爱她。
绝对不会粗暴地对待她。
因为妈妈会抱着你，亲亲你，并告诉你我爱你。
因为妈妈绝对不会粗暴地对待你。

请相信妈妈，
妈妈也会努力试着相信自己。
虽然没有十足的信心，但为了你，妈妈会努力尝试。
让我们互相珍爱对方，爱对方吧。

凯伦·桑德说：
爱就是天堂一瞥。

我们
不要只是一瞥，认认真真地看一看吧。
对妈妈来说，你是天国赠予我的礼物。
宝贝啊，妈妈对你的爱像天空一样广阔，像大地一样无垠。

泰奥菲勒·亚历山大·斯泰因勒 Théophile Alexandre Steinlen
抱着玩偶的孩子，1889年

"安静地坐着等我。"
这是妈妈的妈妈经常说的话。

妈妈的妈妈一说完这句话,就开始迅速地做准备了,
因为她总是先把我打扮好,所以给她自己剩下的准备时间就不多了。

而在这段时间里,妈妈有时会自己慢慢地溜达一圈,
有时会静静地眺望远处的大山,
有时会把帽子重新再整一整,
还有时会啪嗒啪嗒踢着地板等着她。

过一会,妈妈的妈妈说:
"现在我们走吧。"
妈妈的妈妈一边说着,一边向我伸出手。

偶尔也会有落下东西的时候,
于是会放开我的手,再跑去拿回来。
除此之外,她从不放开我的手。

妈妈
只要妈妈的妈妈在身边,
只要抓着我的手,
妈妈就什么都不害怕了。
仅仅只是牵着手不放开,
内心的平和就会再次回归。

因此,妈妈也会这么做。

像妈妈的妈妈那样,
妈妈也会带给你平和。

约翰·辛格尔·萨金特 John Singer Sargent
乡村小孩,1890年

在爸爸和我种下的花田里，
开满了灿烂的草杜鹃和凤仙花。
在爸爸种下了幼苗之后，
喇叭花儿成双成对地绽放。

这是妈妈小时候经常听的一首歌，名字叫《花田》。
此时看到这幅画上的花田，脑海中不由浮现出这首歌的旋律。

妈妈最喜欢歌曲中"成双成对"这个词，
不是只有一个冒尖儿，也不是只卖弄自己的美丽，
而是"成双成对"地绽放，
"成双成对"的美，才能称之为花田。

康乃馨，百合，玫瑰。
外形与香气各不相同的鲜花汇聚在一起，
却不会独独突显出自己的味道，
而是"成双成对"地汇聚成一种味道。

人也是这样，
每个人与每个人所持有的美丽各不相同，
但如果能够相互帮助、相互依托、和谐共处，那么整个世界就会变成一座美丽的花田。
让这个美好的愿望先在我们家里实现吧，
"成双成对"地绽放，
"成双成对"的美，汇成一种香味。

康乃馨，百合，玫瑰。
美丽的鲜花汇集成一个和声，
而再仔细打量一下，
每一朵花上，又重新复苏了各自与众不同的美。

约翰·辛格尔·萨金特 John Singer Sargent
康乃馨，百合，玫瑰，1886年

画中孩子名叫朱尔斯,
刚刚洗完澡出来。
妈妈担心朱尔斯被冻着,
正在用大毛巾麻利地给他擦干身体。

朱尔斯的心情非常好,
因为洗完澡之后身上非常清爽。
而且妈妈还给他准备好了毛巾,
好暖和。

你问是因为用毛巾擦干了所以暖和吗?
不是,因为感受到了用手巾给自己擦干身体的妈妈的爱,
所以暖和。

妈妈非常仔细地给朱尔斯擦着身体,
直到他的身上没有一丝水汽。

朱尔斯张开了双臂,胳肢窝擦擦;
朱尔斯仰起头,脖子擦擦;
朱尔斯又开脚趾头,脚趾缝擦擦;
朱尔斯闭上眼,眼皮擦擦。

好了,现在都擦干净了。

妈妈接下来要给他穿衣服了。
换上浆洗得干干净净的衣服,让他安静地坐在那里,
妈妈一边给朱尔斯擦头发,一边给他讲故事。

现在,朱尔斯的心里也变得暖烘烘的。
你问是因为听了故事所以变得暖烘烘的吗?
不是,因为感受到了给自己讲故事的妈妈的爱,所以暖烘烘的。

玛丽·卡萨特 Mary Cassatt
给朱尔斯擦干身体的妈妈，1900年

画中的孩子
正在妈妈的手掌上做什么?

不知道是不是在画画。
天空和星星,月亮,云彩……
是不是在画天上的风景?
草丛和三叶草,鲜花,绿树……
是不是在画大地上的风景?

不知道是不是在写字。
因为与妈妈在一起的时光很幸福,
那是不是在写"妈妈"两个字?
因为心里满满的都是想与爸爸一起玩耍,
那是不是在写"爸爸"两个字?

或许也只是在挠妈妈的手掌。
因为喜欢一被挠就笑的妈妈,
所以是不是正在起劲儿地挠妈妈?
因为喜欢触摸妈妈的感觉,
所以是不是正在起劲儿地挠妈妈?

无论在做什么,这满满的都是爱。
妈妈把全部的时间和全幅身心
都倾注在了孩子身上的爱啊。

旁边吹过的风会吃醋,
头顶照射下来的阳光也会嫉妒。
嫉妒那仅仅只是看上一眼,所有人就都会感受到、
都想得到的那种美丽的爱。

没错,这就是爱。

玛丽·卡萨特 Mary Cassatt
与孩子一起玩耍的妈妈，1899年

希望你能跟书亲近一些。

书里有多种多样的阅历和智慧，
包含了无数人的生活和知识。

如果多多读书，
不仅会变成更加聪明、更加有智慧的人，
还能更好地理解他人，
更广、更深地了解这个世界。

希望你能与书和谐相处。
因为在独自一人的时候，书会成为你的好朋友。

你就像现在听妈妈讲故事一样，
也认真倾听书中的故事，
那么你就会与书和谐、亲近地相处。

但是啊，
如果你想与书亲近，首先妈妈要变得与书亲近。

你在成长的过程中，如果能经常看到妈妈读书的样子，
那么自然而然就会与书变得亲近了。

所以，妈妈要先成为"读书的妈妈"。
虽然这不是一件容易的事儿，但我会不断努力。
而且，即使你出生之后，妈妈也要像现在这样，
给你读很多很多的故事，
成为多多读书的妈妈。

我们，一起与书亲近起来吧。

奥古斯特·雷诺阿 Auguste Renoir
两个孩子，1895年

真心的研究项目，希望我们的真心能够触摸诸位的内心世界

"挑选一些画有小孩子的名画，然后编写一些胎教随笔会有什么效果呢？就像是读给自己的小孩听那样，字里行间饱含真心，效果应该是不错的。"

在我执笔的大部分作品中，曾全心全意给我提出设计意见的"多读多读"代表卢英铉给了我这样一个建议。难道是因为曾经共事多年的原因？我能感受到他的真心，所以不禁连连点头。

于是，这本书就这样开始了一个"真心的研究项目"。我们相互之间坦诚地进行交流，花了半年的时间完成了这本书。经过设计师出身的卢代表逐一精心挑选出的故事，可以说是最优秀的作品。它们有一个共同的特点：温馨、可爱、有趣，即使反复阅读也不觉得乏味，每次读起来都会有新的感觉。而且，这些画里面又隐藏着许许多多的故事。这些故事并不是我凭空捏造，而是作品讲述给我听，我只是把它们整理记录下来而已。就这样把故事一篇一篇地记录下来，我的内心都变得温暖起来。一般情况下，在原稿的创作过程中，有时会感到乏味，有时还会感到非常疲惫。但在编写这本书时，完全没有这种感觉，那些幸福的话儿像流水一样源源不断。

或许是因为以真心开始的原因，想创作出一本可以与孩子一起分享的书。读着这本书的妈妈、爸爸，其内心可以变得更加温柔。怀着这个真挚的愿望，我写下了这段文字。希望这份真心可以触及诸位的内心世界。

吴善和

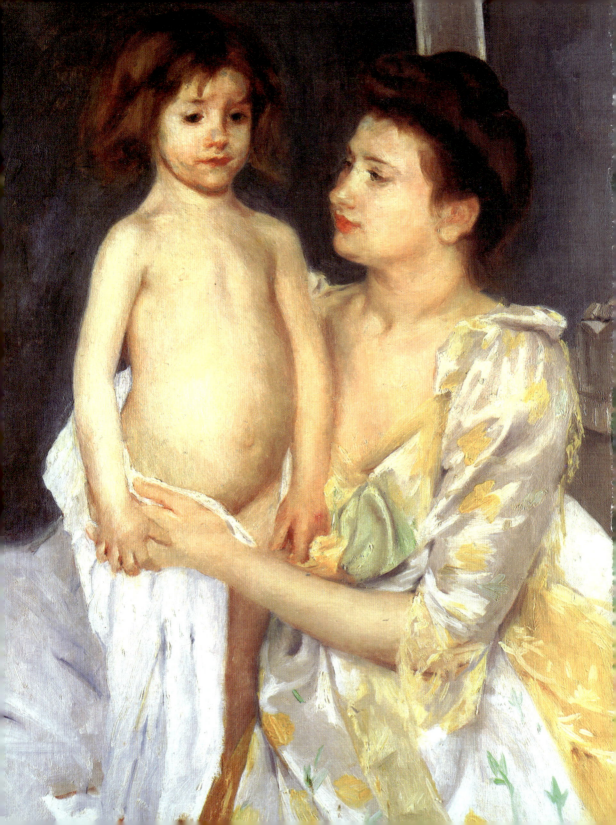